AF289779

SANTÉ & BIEN-ÊTRE

MIEUX DORMIR POUR MIEUX VIVRE

Adieu fatigue, somnolence, irritabilité !

Par Vera Smayan
Sous la direction de Céline Faidherbe

50MINUTES.fr

Quelle est la position idéale pour bien dormir ?

Ai-je raison de suivre plusieurs thérapies différentes pour résoudre mes troubles du sommeil ?

POUR ALLER PLUS LOIN 75

MIEUX DORMIR POUR MIEUX VIVRE

ADIEU FATIGUE, SOMNOLENCE, IRRITABILITÉ !

- **Problématique ?** Bien dormir étant essentiel pour une bonne qualité de vie, nombre d'adultes cherchent des solutions pour améliorer leur sommeil.
- **Objectif ?** Cet ouvrage vous permettra de mieux comprendre le sommeil et son importance. Les différents troubles de sommeil y seront présentés et expliqués. Enfin, des thérapies alternatives ainsi que des astuces et simples bonnes habitudes à reprendre pour se réconcilier avec Morphée vous seront fournies.
- **FAQ ?**
  - Est-il exact d'affirmer que l'on dort pour se reposer ?
  - Les besoins de sommeil sont-ils déterminés génétiquement ?
  - Le somnambulisme est-il un trouble du

sommeil ?
- ◦ Est-il vrai qu'avec l'âge, on a moins besoin de sommeil ?
- ◦ Est-il vrai que les heures avant minuit comptent double ?
- ◦ Quelle est la position idéale pour bien dormir ?
- ◦ Ai-je raison de suivre plusieurs thérapies différentes pour résoudre mes troubles du sommeil ?

Le sommeil a toujours été une fascinante énigme et un élément essentiel de notre vie, en témoigne cette citation de William Shakespeare (dramaturge et écrivain anglais, 1564-1616) : « Nous sommes de la même étoffe que les songes, et notre vie infime est cernée de sommeil. » (*La Tempête*, Paris, Flammarion, 1993, p. 224)

En effet, le sommeil occupe une grande partie de notre existence. Nous passons un tiers de notre vie à dormir. Bien dormir est synonyme de bien-être, alors qu'un mauvais sommeil a des répercussions plus ou moins graves sur notre santé mentale et physique.

Mais que se passe-t-il réellement lorsque l'on dort ? Aujourd'hui, l'énigme du sommeil n'a pas encore été percée dans sa totalité. Bien que les études scientifiques au cours du siècle dernier aient pu en dévoiler plusieurs aspects, ces résultats ne représentent que la pointe de l'iceberg du mystère « sommeil ».

Dans notre société contemporaine, orientée vers une production effrénée, on oublie que le sommeil est une phase naturelle de la vie de tous les êtres vivants. Il permet de récupérer de la fatigue et des efforts de la journée. Bien dormir est devenu un luxe, car cela présuppose d'adopter des rythmes quotidiens constants et de respecter les rythmes biologiques personnels. En conséquence, une grande partie de la population humaine souffre aujourd'hui d'un déficit et/ou d'une détérioration de la qualité du sommeil.

Comment s'approcher de ce mystère, en comprendre l'architecture et le fonctionnement ? Comment se réconcilier avec cet univers parallèle ? Quels sont les moyens naturels pour retrouver le chemin qui mène aux bras de Morphée ? Cet ouvrage vous propose de vous réconcilier avec le sommeil en respectant vos besoins physiques et psychiques, en adoptant de bonnes habitudes et en revenant à vos rythmes essentiels.

QU'EST-CE QUE LE SOMMEIL ?

« Dormir, c'est mourir un peu. » (HALLÉPÉE (Didier), *Mon chat m'a dit, mon chient m'a dit, s. l.*, Carrefour du net, 2012, p. 81)

Le sommeil, du latin *somnum* (le rêve), est un état physiologique hétérogène qui affecte tout l'organisme. Il est caractérisé par de multiples variations fonctionnelles du corps et notamment par la suspension de la conscience et de la vigilance, qu'on rencontre chez tous les êtres vivants. Il joue un rôle fondamental dans le maintien de la bonne homéostasie de l'organisme, c'est-à-dire de l'équilibre de ses constantes physiologiques.

Il se définit comme un état de repos par rapport à l'état de veille, comme une suspension périodique de l'état de conscience pendant lequel l'organisme récupère de l'énergie. Il s'agit donc d'un état de repos physique et psychique caractérisé par le détachement momentané de la conscience et de la volonté, par le ralentissement des fonctions neurovégétatives et par l'interruption partielle des rapports senso-moteurs de la personne avec l'environnement, indispensable pour le repos de l'organisme.

LA PERCEPTION DU SOMMEIL

Au fil des siècles, le sommeil a été opposé à l'éveil, associé à la conscience et à la réalité. Mais cette approche pourrait être inversée : et si le sommeil était en fait simplement un autre état de conscience ? Lorsque l'on rêve, les fonctions de l'organisme humain sont très actives, comme pendant la journée. On vit une expérience réelle. Dès lors, ce qu'on appelle « réalité » ne serait qu'une question de perception, le résultat de l'activité du cerveau... Cette approche, qui annule l'opposition entre veille et sommeil, est celle décrite dans les écritures védiques, textes indiens du XIIe siècle av. J.-C., où il est question de quatre états de conscience : la veille, le rêve, le sommeil sans rêves et le Turya, un état de conscience pure, omniprésent et sous-jacent aux trois autres.

Dans la mythologie grecque, Morphée, fils d'Hypnos, le dieu du sommeil, et de Nyx, déesse de la nuit, était le dieu des songes. Sa mission était d'endormir les mortels. Il est souvent représenté comme un jeune homme tenant un miroir à la main et des pavots soporifiques dans l'autre, avec des ailes de papillon battant rapidement et silencieusement. Il fait sombrer quiconque dans le sommeil en le touchant avec ses pavots, d'où le mot « morphine » (qui est issue du pavot, en raison de son pouvoir soporifique). L'expression « être dans les bras de Morphée » ou « tomber dans les bras de Morphée », présente dans plusieurs langues, signifie « dormir calmement et profondément ».

Le sommeil attire ainsi depuis toujours l'intérêt des scientifiques, des artistes et des philosophes, aussi bien occiden-taux qu'orientaux. C'est un véritable univers à part dont l'étude soulève de passionnantes questions autour de la perception humaine, du fonctionnement du cerveau et de la nature de la réalité.

LES CYCLES DU SOMMEIL

Le sommeil se compose de cycles qui se succèdent avec régularité, chacun ayant une durée d'environ une heure et demie à deux heures.

Ainsi, on retrouve au cours d'une nuit plusieurs cycles de durées différentes. Chaque cycle se termine par une phase intermédiaire (avec parfois des brefs moments d'éveil) conduisant à un nouveau cycle.

Ces cycles comprennent deux types de sommeil : le sommeil à ondes lentes, ou sommeil synchronisé, et le sommeil paradoxal.

- Chez l'homme adulte, une phase de sommeil synchronisé dure environ 75 minutes et comprend quatre sous-états de profondeur croissante. Ce type de sommeil occupe près de 80 % de la nuit.
- Au sommeil synchronisé succède une phase de sommeil paradoxal, aussi connu comme « sommeil REM » (*Rapid Eye Movements*) en raison des mouvements oculaires rapides qui le caractérisent. C'est une phase qui dure une vingtaine de minutes et qui présente l'activité

cérébrale la plus importante. On pense que c'est lors du sommeil paradoxal que surviennent les rêves.

En général, dans le sommeil humain se succèdent quatre ou cinq cycles, qui se différencient par la durée des différents types de sommeil. Ainsi, dans le premier cycle, le sommeil à ondes lentes est particulièrement long et intense, là où le paradoxal est court, tandis que dans les cycles successifs, la proportion s'inverse graduellement.

Les cycles du sommeil

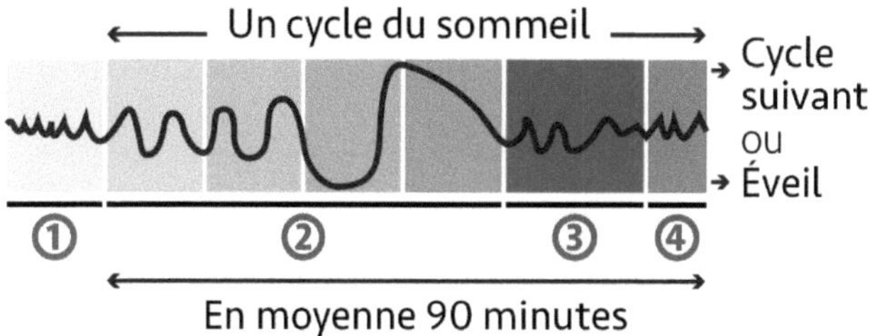

En schématisant, chaque cycle de sommeil comprend les phases suivantes :

- **stade I** : sommeil très léger (moment de l'endormissement) ;
- **stade II** : sommeil lent léger ;
- **stade III** : sommeil lent profond ;
- **stade IV** : sommeil lent très profond ;
- **stade REM** : sommeil paradoxal.

C'est pendant les stades III et IV que les fonctions de réparation les plus importantes sont activées. Il est prouvé que les premières heures de sommeil sont celles où l'organisme récupère mieux, car les phases de sommeil profond y sont plus nombreuses, et cela que l'on se couche avant minuit ou au petit matin.

C'est au terme du stade IV que survient le « sommeil paradoxal », celui où l'activité onirique est plus intense. On le nomme « paradoxal » parce que, bien qu'il s'agisse d'une phase de sommeil profond, les ondes cérébrales sont pareilles à celles de l'état de veille, tout comme les fonctions physiologiques contrôlées par le système nerveux central sont en pleine activité. La respiration se fait irrégulière, la tension artérielle monte, on éprouve des sensations et des sentiments : on continue à dormir, mais sur le plan physiologique, cela ressemble beaucoup à un état d'éveil.

Parfois, la frontière entre le sommeil et la veille devient instable. Lorsque la privation de sommeil est prolongée (ce qu'on appelle « dette de sommeil », c'est-à-dire quand on subit l'effet cumulé du manque de sommeil), en état de veille peuvent surgir des brefs moments de repos dont la personne n'a pas conscience, de micro-sommes paradoxaux, avec des rêves et même des hallucinations.

LES ÉTATS DU SOMMEIL

Les critères utilisés pour la définition des états du sommeil sont basés sur l'enregistrement des ondes EEG (électroencéphalographiques) de la surface du crâne en conditions de laboratoire. La science a ainsi pu étudier les mécanismes de l'amorce, du maintien et de la conclusion du sommeil, notamment des mécanismes neuro-physiologiques qui en sont responsables.

En état de sommeil, l'organisme subit des modifications importantes au niveau musculaire, hormonal, métabolique et comportemental. Les fonctions végétatives (tension artérielle, sécrétions digestives, etc.) varient en ralentissant ou en augmentant selon les phases, tandis que l'activité psychique consciente (état de vigilance) est suspendue.

Durant le sommeil synchronisé, les ondes électriques du cerveau sont de plus en plus lentes, allant des ondes alpha du stade I, celui du sommeil léger, aux ondes delta du stade IV, celui du sommeil lent, au terme duquel survient le « sommeil paradoxal ».

LÈVE-TÔT OU COUCHE-TARD ?

Vous vous couchez après 23 heures, et six heures ou moins de sommeil vous suffisent pour vous réveiller en forme ? Vous appartenez à la catégorie de ceux qu'on identifie comme petits dormeurs.

Pas de quoi culpabiliser : les besoins de sommeil sont déterminés génétiquement. Ainsi, les gros dormeurs ont un besoin physiologique de neuf ou dix heures de sommeil, sans quoi leur bien-être en sera affecté.

La moyenne, en tout cas, est de six à huit heures de sommeil par nuit. Pour rester en bonne santé, psychiquement et physiquement, il faut respecter les besoins de sommeil spécifiques à son propre organisme.

L'IMPORTANCE DE BIEN DORMIR

Mais quel est vraiment le rôle physiologique du sommeil ? Nous touchons ici au vrai mystère ! Car même si le sommeil se manifeste par un état apparent de tranquillité totale, des changements complexes ont lieu au niveau cérébral. Ceux-ci ne peuvent s'expliquer si l'on se réfère simplement à un état de repos physique et psychique. Par exemple, certaines cellules cérébrales, durant certaines phases de sommeil, présentent une activité cinq à dix fois supérieure à celle qu'elles ont en état de veille !

Ce qui est sûr, c'est que le sommeil a une fonction réparatrice et régénératrice fondamentale.

Citons entre autres l'élaboration des mémoires de veille et de la réponse immunitaire, ainsi que l'activation de fonctions indispensables à la régulation de l'organisme (par exemple la synthèse des protéines, la réparation des tissus, le fonctionnement des cellules musculaires et nerveuses, le système d'élimination des toxines).

La privation de sommeil ou une mauvaise qualité de sommeil induit des conséquences néfastes pour la santé et pour la qualité de vie, dont les plus importantes sont la sensation de fatigue et la somnolence (cause principale, entre autres, de la majorité d'accidents au volant), une baisse des facultés cognitives, la perturbation du métabolisme et l'affaiblissement du système immunitaire. À noter aussi le risque accru d'obésité et de maladies cardio-vasculaires.

Les conséquences sur la santé psychique sont tout aussi sérieuses, avec des manifestations d'irritabilité, d'anxiété, voire de dépression. La privation du sommeil est un facteur important dans nombre de pathologies psychiatriques. Comme le dit la sagesse populaire, « le sommeil est la moitié de la santé » (proverbe breton).

À l'âge de 20 ans, une nuit suffit pour récupérer le manque de sommeil d'une nuit blanche. Pour chaque décennie suivante, il faudra rajouter une nuit supplémentaire : à 30 ans, deux nuits ; à 40 ans, trois nuits, et ainsi de suite.

LES TROUBLES DU SOMMEIL

On définit les troubles du sommeil comme toute perturbation de la durée ou de la qualité du sommeil. Les troubles du sommeil se divisent en trois groupes principaux : les dyssomnies (états de dégradation qualitative et quantitative du sommeil), les hypersomnies (états d'excès de sommeil) et les parasomnies (comportements anormaux pendant le sommeil).

Les causes peuvent être nombreuses et variées : anxiété, dépression, apnées, nuisances environnementales, etc. Le vrai problème, c'est que souvent un cercle vicieux s'instaure, bien difficile à rompre. Plus on est anxieux, plus on se nourrit mal, plus la qualité du sommeil en est perturbée... Et par conséquent, l'anxiété détériorant la qualité du sommeil ne fait qu'augmenter.

En général, il est possible d'affirmer que la cause première de la plupart des troubles du sommeil est à rechercher dans le mode de vie contemporain, qui produit bien souvent un état constant d'hypervigilance et de stress et, par conséquent, un déphasage des rythmes biologiques naturels.

L'INSOMNIE

L'insomnie est certainement le trouble du sommeil le plus fréquent. Malheureusement très répandu dans les pays occidentaux, il touche 15 à 20 % des adultes. Bien sûr, il y a une différence entre ceux pour qui la nuit est un « cauchemar » (insomniaques chroniques, heureusement assez rares) et ceux qui sont affectés par une insomnie transitoire, c'est-à-dire ceux qui ne rencontrent qu'occasionnellement des problèmes comme des difficultés pour s'endormir ou des réveils nocturnes.

L'insomnie peut être primaire (c'est-à-dire intrinsèque) ou secondaire, dans le cas où elle est consécutive à une maladie ou à une cause externe.

ET SI CE N'ÉTAIT PAS DE L'INSOMNIE ?

De nombreux témoignages historiques et des preuves scientifiques démontrent que nos ancêtres ne dormaient jamais huit heures d'affilée, ce qui est aujourd'hui indiqué comme signe d'un style de vie sain.

En 2001, l'historien Roger Ekirch de la Virginia Tech University a publié une étude selon laquelle les êtres humains jusqu'au XVIIIe siècle dormaient en deux phases, et pas uniquement une : nos ancêtres se réveillaient au beau milieu de la nuit pour mener des activités, puis retournaient se coucher. Ils dormaient ainsi trois ou quatre heures, se levaient pour quelque trois heures, puis dormaient jusqu'au matin.

Cette théorie est appuyée aussi par des tests menés au début des années 1990 par le psychiatre Thomas Wehr du National Institute of Mental Health, qui démontrent que le schéma naturel humain du sommeil est biphasique : on se réveille naturellement pendant la nuit au moment où le calme et le silence sont plus profonds, et on se rendort quelques heures après. Aujourd'hui encore, dans de nombreuses religions, les moines utilisent ce temps d'éveil nocturne pour prier et méditer.

LES JAMBES SANS REPOS

Il s'agit du « syndrome d'impatience des membres inférieurs », qui se manifeste par des mouvements, des fourmillements et des douleurs aux jambes. Ces symptômes sont favorisés par l'immobilité et, par conséquent, apparaissent principalement le soir et la nuit. C'est un problème qui se manifeste de façon intermittente, avec des périodes de crise plus ou moins aiguës.

À ce jour, les causes de ce trouble ne sont toujours pas identifiées, même si on étudie les corrélations entre ce syndrome et un déficit en fer ou en magnésium, des perturbations de la production de la dopamine ou encore, le diabète.

SYNDROME D'APNÉES OBSTRUCTIVES DU SOMMEIL (SAOS)

Ce syndrome, qui peut être plus ou moins sévère, est caractérisé par des moments d'interruption momentanée du flux respiratoire (environ 5 apnées par heure, jusqu'à plus de 30 apnées par heure).

La personne qui en souffre n'en est en général pas consciente jusqu'à ce qu'elle en soit informée par son entourage qui a constaté ces arrêts respiratoires. Une grande somnolence diurne est l'un des traits communs des apnéiques. En effet, la personne apnéique se réveille fatiguée, car les microréveils dont sa nuit est rythmée empêchent l'organisme de bien se reposer. D'autres signes de ce trouble peuvent être le ronflement, une forte transpiration nocturne, une sensation de bouche sèche et les marques de salive sur l'oreiller.

Le SAOS touche surtout les personnes obèses et les personnes âgées. Il peut avoir des conséquences graves sur la santé, notamment une perturbation du système neuroendocrinien (qui favorisera la prise de poids, l'apparition de problèmes hormonaux, de maladies cardio-vasculaires, du diabète, etc.) ou provoquer des troubles de la mémoire, de l'irritabilité et des états dépressifs.

LE SOMNAMBULISME

Il s'agit d'un trouble du sommeil caractérisé par des déambulations nocturnes, en état d'inconscience, lors du sommeil lent profond. Il est lié à une dérégulation au niveau du système thalamo-cortical (responsable de la transition veille/sommeil et de la déconnexion du cortex cérébral des stimulations sensorielles pendant la phase de sommeil lent). Chaque épisode peut durer jusqu'à 30 minutes.

En général, le somnambulisme est sans danger, car la personne n'effectue que des mouvements quotidiens, simples, comme par exemple s'asseoir sur le lit ou se rendre dans la salle de bain. Néanmoins, dans certaines formes plus aiguës, il peut se manifester par des actes violents ou dangereux, comme, par exemple, conduire.

COMMENT RETROUVER LE SOMMEIL ?

UN RYTHME DE VIE SAIN

Il existe plusieurs remèdes naturels et thérapies holistiques (soignant la personne dans sa globalité, et non uniquement pour un problème précis) qui peuvent être d'une grande aide dans le traitement des différents troubles du sommeil.

Néanmoins, il est évident que tout problème touchant au domaine du bien dormir, qu'il soit la cause ou la conséquence du trouble du sommeil, représente un dérèglement de notre rythme circadien – rythme de l'organisme d'une durée de 24 heures environ, réglé par des synchroniseurs tels que la lumière qui marque l'alternance jour/nuit.

UN TRAIN À NE PAS RATER

Le moment idéal pour se plonger sous la couette correspond à l'apparition de la somnolence. Il sera différent d'une personne à l'autre. L'état de somnolence se représente à des intervalles réguliers d'environ 90 à 130 minutes. Guettez attentivement les premiers signes de fatigue, en sachant que si vous ratez le moment propice, il ne reste qu'attendre patiemment le prochain train...

Il s'agit donc en priorité de changer notre mode de vie afin de retrouver un bon équilibre physique et psychique. Pour ce faire, voici quelques suggestions et recommandations générales.

La lumière et la production de mélatonine

La lumière joue un rôle fondamental dans la régulation du rythme veille/sommeil. Transmise au système nerveux central via le récepteur de l'œil, elle va influencer directement l'équilibre hormonal en induisant la glande pinéale à produire de la mélatonine, qui favorise le sommeil. La production de mélatonine commence chaque soir et diminue au cours de la nuit jusqu'au réveil. Cette hormone va influencer l'appétit, la libido, le système immunitaire et le sommeil. À partir de 50 ans, la production de mélatonine baisse, ce qui explique en partie pourquoi les personnes âgées ont davantage de difficultés à trouver le sommeil.

Notre mode de vie actuel soumet notre organisme à des sollicitations lumineuses extrêmement dangereuses. Les longueurs d'onde caractéristiques de la lumière bleue (entre 450 et 480 nanomètres), émises par les appareils tels que les tablettes et les ordinateurs, retardent la synthèse de mélatonine et stimulent l'organisme à rester en éveil. Il a été démontré qu'il suffit d'une demi-heure d'exposition à la lumière bleue entre 23 heures et 1 heure pour désynchroniser l'horloge biologique.

Voici quelques précautions simples à adopter.

- Veiller à éteindre les dispositifs électriques et à ne pas s'exposer à des écrans émanant de la lumière bleue au moins deux heures avant de se coucher.
- Se rappeler que l'exposition à la lumière en journée est fondamentale, de même que faire de l'exercice à l'extérieur : cela permet de resynchroniser le rythme veille/sommeil.

- Si nécessaire et toujours sous surveillance d'un médecin, suivre une thérapie de mélatonine en gélules pour compenser une production insuffisante.

À l'inverse, la surproduction de mélatonine pendant la période hivernale serait l'une des causes de la fatigue et de la déprime saisonnière.

L'un des moyens recommandés pour la combattre efficacement est la luminothérapie, ou luxothérapie, traitement thérapeutique basé sur l'exposition à des lampes spéciales. C'est aussi un moyen intéressant pour rééquilibrer l'horloge biologique après un long voyage.

Pour en bénéficier, il est possible d'acheter des lampes qui émettent entre 2 500-10 000 lux (unité de mesure de l'éclairement lumineux), à poser par exemple sur le bureau de travail le matin pendant une demi-heure, ou de se rendre dans un centre spécialisé pour y suivre une série de séances.

Les bienfaits de la sieste

La sieste, qui correspond à un stade de sommeil léger, a des effets extrêmement bénéfiques sur la santé, car elle permet de compenser en partie la dette de sommeil accumulée au fil des jours. L'idéal est de dormir 20 minutes entre 13 heures et 15 heures, en veillant à ne pas dépasser les 40 minutes, afin de ne pas compromettre la qualité du sommeil de la nuit.

La sieste a longtemps été une habitude culturellement et socialement reconnue et respectée. Malheureusement, dans nos sociétés où le sommeil est perçu comme du gaspillage, elle a perdu de son importance. Elle continue à survivre dans les cultures des pays du Sud, où il est plus difficile de résister à une petite sieste après un copieux déjeuner, surtout quand la température est élevée...

En réalité, l'organisme humain est biologiquement programmé pour dormir en début d'après-midi, indépendamment du fait d'avoir consommé ou non un bon repas. En effet, notre régulation circadienne prévoit que le besoin de sommeil soit plus intense entre 1 heure et

5 heures du matin et entre 14 heures et 16 heures. La sieste devrait donc être observée pour le bien-être de l'homme et de la société. Reprendre cette habitude, dans les limites du possible et du raisonnable bien entendu, ne peut que contribuer à retrouver un rythme de veille/sommeil plus sain et plus naturel.

L'alimentation

La santé commence dans l'assiette. On le néglige souvent, mais c'est également le cas pour un bon sommeil. En effet, une alimentation trop riche au dîner risque de compromettre le sommeil, tandis qu'une alimentation trop légère peut venir aussi perturber la nuit en ne calmant pas la faim.

À noter que plus on est corpulent, plus le risque de souffrir de troubles du sommeil augmente tout en favorisant les problèmes respiratoires et les ronflements pendant la nuit.

Il est donc impératif de garder une alimentation équilibrée et d'adopter quelques règles.

- Dîner aux alentours de 20 heures et au moins deux heures avant le coucher.

- Consommer des aliments légers, mais en quantité suffisante (pour ne pas se réveiller en pleine nuit).
- Éviter les boissons excitantes après 17 heures.

Il est aussi important d'absorber régulièrement du magnésium, qui est un puissant régulateur du système nerveux, surtout s'il est associé à la vitamine B6. Le magnésium et la vitamine B6 se trouvent en bonne quantité dans les légumes à feuilles vertes, les épinards, les amandes, les noix et les céréales.

Les aliments qui favorisent le sommeil

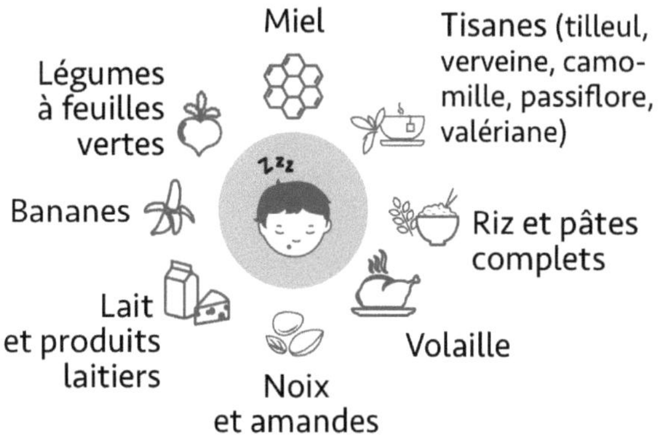

Il faut par contre éviter les épices, les fruits très riches en vitamine C (oranges, citrons, pamplemousse, etc.), les légumes secs, les fritures, les sauces, les poissons et les œufs.

L'idéal serait donc de consommer un dîner consistant, mais léger, à base de pâtes ou de riz intégral, avec une petite quantité de volaille, de jambon ou de viande maigre et une belle salade de laitue. Pour dessert, il est conseillé de choisir un fruit frais ou un yaourt maigre.

L'ASTUCE DE GRAND-MÈRE

Il est temps de reprendre une habitude honorée par nos ancêtres : un verre de lait chaud avec une cuillérée de miel le soir, et le sommeil est assuré !

Le sport

L'activité physique régulière est un facteur fondamental pour une bonne qualité de vie et donc, de sommeil. Il a été démontré que le fait de pratiquer entre une heure et une heure et demie d'activité physique trois fois par semaine favorise l'endormissement, réduit la fréquence des réveils nocturnes, augmente le sommeil à ondes lentes et régularise les différents cycles du sommeil. Toutefois, il est important de ne pas faire de sport trop tard dans la journée, c'est-à-dire après 19 heures.

LES RITUELS DU SOMMEIL

Voici quelques suggestions :

- prendre un bain chaud avec une cuillère d'huile d'amande et deux gouttes d'huile essentielle de lavande ;
- écouter une demi-heure de musique classique ;
- faire un automassage aux pieds ou au visage ;
- mettre quelques gouttes d'huile essentielle d'orange douce ou de mandarine dans un diffuseur ;
- se plonger dans un bon bouquin.

Par contre, il est déconseillé de :

- regarder des films trop émouvants ou violents ;
- utiliser ordinateur, tablette ou smartphone ;
- travailler ;
- écouter les informations ;
- discuter (ou pire, se disputer).

La mise en place d'une routine signifie aussi qu'on veillera à respecter des horaires réguliers.

LA CHAMBRE IDÉALE

Temple du sommeil, la chambre est l'un des espaces le plus importants de l'habitation. Une chambre bien aménagée et rangée est un prérequis fondamental pour avoir un bon sommeil, qualitativement et quantitativement.

- Idéalement, il faudrait dormir dans l'obscurité totale, surtout de minuit à 3 heures (moment du pic d'activité de la glande pinéale qui produit la mélatonine).
- En ce qui concerne les lumières, il est également préférable de choisir un abat-jour de chaque côté du lit pour créer une lumière indirecte, douce et tamisée.
- La température idéale de la chambre se situe autour de 18° C.
- La qualité du matelas est indissociable de la qualité du sommeil. Une literie naturelle peut être certes coûteuse, mais elle constitue un bon investissement pour la santé et le bien-être. Les tissus synthétiques créent de l'électricité statique qui cause des interférences avec les

fonctions du corps. À l'inverse, les matériaux naturels comme le lin, la laine, le sisal ou le latex naturel permettent un meilleur échange thermique. La literie doit être en harmonie avec l'ergonomie du sommeil. Pour soulager la pression du corps, un lit confortable ne doit être ni trop mou, ni trop dur, et doit respecter la morphologie du dormeur.

- Veillez à aérer la pièce tous les jours au moins pendant 20 minutes.
- Les champs électromagnétiques nuisent au sommeil, pour cette raison il est important de ne pas dormir auprès des appareils électriques (télévision, ordinateur) et de débrancher le Wi-Fi, les portables et téléphones sans fil.
- Utilisez un diffuseur d'huiles essentielles avec quelques gouttes d'une huile essentielle aux propriétés apaisantes, comme la lavande, la camomille, la vanille ou l'oranger.

Voici, en outre, quelques indications tirées du feng shui (discipline chinoise ancestrale qui a pour but d'harmoniser l'énergie de notre environnement pour favoriser notre bien-être) pour réussir à créer un espace rassurant et propice à la détente.

• La chambre devrait idéalement être située dans la partie arrière de la maison, dans le coin le plus à droite.

• Pour créer une sensation de sécurité, la tête du lit devrait être proche du mur sans pour autant le toucher (à distance de 30 cm), pour ne pas perturber le passage du chi (c'est-à-dire de l'énergie). Contrairement aux idées reçues, toutes les orientations cardinales peuvent convenir.

• Veillez à avoir de l'espace de chaque côté du lit pour permettre au chi de circuler librement. Pour la même raison, le matelas ne doit pas toucher le sol.

• Évitez d'avoir une fenêtre ou des poutres au-dessus du lit, ou d'y accrocher des étagères, car cela créera une sensation d'angoisse et, en général, affaiblira l'énergie des occupants du lit.

- Évitez l'orientation de la tête du lit vers la porte ou vers le mur de la salle de bain, mais ne placez pas non plus le lit pieds en face de la porte ou pointés dans son axe direct : c'est ce que l'on appelle « la position cercueil », qui vide de son énergie l'occupant du lit.

- Placez le lit dans une position où l'entrée est visible, car cela crée un sentiment de sécurité. Veillez cependant à ce que le lit ne soit pas trop près de la porte, car cela perturbe le subconscient qui se trouvera en position de garde.

- Préférez les meubles aux angles arrondis, car selon la philosophie feng shui, tout angle émet une énergie négative.

- Pour ne pas créer de sensation d'angoisse, n'accrochez que des miroirs ovales (toujours dans le but d'éviter les angles), et couvrez-les au moment d'aller vous coucher.

- La pièce doit être bien rangée pour ne pas gêner la bonne circulation de l'énergie et transmettre un sentiment de sécurité. Faites disparaître tout ce qui peut rappeler le travail diurne (dossiers, etc.) et évitez l'accumulation de bibelots et de livres ; un bon livre de chevet suffit.

- Évitez les couleurs trop vives, comme le rouge, et les couleurs trop sombres, car ce sont des couleurs qui tonifient et excitent au lieu de relaxer, au contraire des couleurs claires.
- La couleur utilisée pour le plafond doit être plus pâle que celle des murs, car un plafond sombre réduit le champ d'énergie ou crée une énergie stagnante.
- Il est fondamental d'avoir un lit en bois, sans aucune partie métallique. En effet, la technique feng shui fait appel à l'harmonisation et l'équilibre des principes complémentaires yin et yang. En général, évitez les matériaux trop « yang », c'est-à-dire durs, lisses et froids, comme le marbre ou le verre.

GÉRER SON STRESS ET SES ÉMOTIONS

La tranquillité intérieure est une composante fondamentale pour avoir un sommeil régulier et de bonne qualité. Mais souvent, la dimension mentale prend le dessus et conditionne à l'excès la dimension psychique.

Cas classique : après une journée bien remplie vient enfin l'heure de se coucher. Mais voilà qu'au moment où la tête se pose sur l'oreiller, le cerveau commence tout à coup à ruminer, à analyser des événements ou des émotions. Malgré la fatigue, le sommeil déserte... Situation d'autant plus désespérante si l'on se réveille au beau milieu de la nuit, sans plus pouvoir fermer l'œil jusqu'au petit matin.

Apprendre à gérer les émotions et à respecter ses besoins corporels est donc un travail indispensable pour recommencer à bien dormir. De nombreuses techniques, comme le yoga ou la méditation, aident à se réconcilier avec la dimension émotive et à accroître la conscience du corps. Contrairement aux anxiolytiques ou aux somnifères, ces solutions naturelles présentent l'avantage de ne pas créer d'accoutumance ou d'effets secondaires.

La sophrologie

Fondée à la fin des années 1960 par le psychiatre colombien Alfonso Caycedo (né en 1932), la sophrologie se définit comme l'étude de la conscience. Elle se pratique en séances individuelles ou collectives.

À travers des exercices de visualisation, de relaxation et de respiration, elle permet d'anticiper et de gérer de façon positive des situations anxiogènes. Elle peut ainsi apporter des solutions à de nombreux problèmes liés à la sphère du sommeil. Quelques séances de sophrologie suffisent généralement pour arriver à mieux vivre le moment d'aller se coucher, très redouté par les insomniaques, et annuler le stress potentiel qui pourrait surgir et déclencher un cercle vicieux.

La sophrologie agit également sur les causes : déséquilibre physique, mental ou émotionnel, mauvaise hygiène de vie, etc.

Le yoga

Le yoga, né en Inde du Nord en tant que pratique ascétique et méditative, est une discipline ancestrale composée de techniques qui permettent de rééquilibrer le bien-être physique et psychique. En Occident, on pratique en général le hatha-yoga, variante basée principalement sur des exercices physiques.

Après une séance de yoga, le corps et l'esprit sont à la fois alertes et détendus. Toutefois, la pratique du yoga en fin de journée est déconseillée, car cela peut augmenter l'énergie et donc venir perturber le sommeil.

La méditation

La méditation est un état de paix profond qui peut être atteint quand le mental est en état de totale relaxation : il se caractérise alors par une complète conscience. Cet état permet de réveiller notre énergie vitale et de nous rééquilibrer à tout niveau.

La méditation n'est pas composée d'exercices physiques. En d'autres termes, on ne pratique pas la méditation, on est en méditation. Néanmoins, différentes techniques posturales et de respiration peuvent servir de base pour entamer un processus de détente.

MÉDITATION DU SOIR

Il est conseillé d'effectuer dix minutes de méditation le soir, par exemple assis avec les pieds immergés dans un bassin rempli d'eau tiède et d'une poignée de gros sel, qui symbolise l'élément Terre.

Les yeux fermés, laissez aller vos pensées, sans les retenir, sans les rejeter. Focalisez-vous le plus possible sur votre souffle, mais sans vous forcer. Jetez ensuite l'eau et lavez le bassin, qui ne devra jamais avoir d'autre utilisation.

Progressivement, après les premières fois, la méditation va devenir plus immédiate et l'expérience toujours plus relaxante.

L'hypnose

L'hypnose peut se révéler une thérapie efficace pour plusieurs troubles du sommeil. Elle est très utile dans les cas où le redoutable « cercle vicieux » de la perturbation du sommeil devient pour le patient une source d'angoisse. Quelques séances suffisent pour apprendre à se mettre en état d'autohypnose, afin d'être en mesure de se relaxer et de se prédisposer au sommeil chaque soir.

La *cat therapy*

Câliner un chat et l'écouter ronronner est une activité des plus relaxantes et agréables, qui aide les pensées et les émotions à devenir plus légères. Mais les bienfaits du ronronnement du chat ont été scientifiquement prouvés : il diminue le niveau d'anxiété et influence favorablement la qualité des nuits des félins autant que des humains. Les vibrations sont émises sur des fréquences bien connues pour leur interaction positive avec l'organisme humain (20-140 hertz). Elles permettent notamment de relaxer le système nerveux, mais aussi d'améliorer la pression sanguine et d'accélérer la guérison des blessures et des os.

La phytothérapie

Mère nature a prévu de nombreuses plantes capables de restaurer l'équilibre des rythmes naturels. Pour traiter l'insomnie, on aura recours à des plantes aux vertus hypnotiques, mais aussi régulatrices du système nerveux :

- la passiflore, utile pour réduire palpitations et spasmes ;
- la camomille, remède classique en cas de nervosité, de troubles digestifs, ou de difficultés à s'endormir ;

- l'alchémille, utile en cas de problèmes digestifs ;
- l'aubépine, qui fait des merveilles en cas de nervosité avant l'heure du coucher ou de réveil nocturne ;
- la verveine, qu'il faut ingérer à petites doses au risque d'avoir des nausées ;
- la mélisse ;
- le tilleul ;
- le houblon, aux effets calmants puissants ;
- la valériane, qui agit dans les cas aigus, mais qui peut créer une légère accoutumance (il est conseillé de ne pas en prendre pendant plus de dix jours consécutifs).

En particulier, la synergie entre la passiflore et la valériane est assez puissante et permet d'atteindre un sommeil lourd.

Il est possible d'ingérer ces plantes en infusion ou en gélules, ou encore en teinture mère (extrait de plantes fraîches). Si les troubles proviennent d'une déprime saisonnière, une thérapie à base de gélules de millepertuis est conseillée. En gemmothérapie (discipline qui utilise les tissus embryonnaires des plantes telles que les graines ou les pousses), la teinture de bourgeons de figuier est un classique pour les troubles du sommeil, car elle agit d'abord sur l'estomac, souvent irrité en conséquence du stress et de l'insomnie, et *vice-versa*.

Le choix et la posologie des plantes à utiliser doivent être établis par un professionnel (herboriste, phytothérapeute, pharmacien ou naturopathe) car, si les plantes médicinales n'engendrent pas d'effets collatéraux graves, elles ne sont toutefois pas complètement sans danger. Par exemple, certaines plantes peuvent être déconseillées en raison de leurs contre-indications éventuelles avec certains médicaments.

Les élixirs floraux du Dr Bach

Il s'agit de macérations alcooliques de plantes, réalisées à partir de 38 espèces de fleurs, dont chacune s'adresse à un trait de caractère ou à un état émotionnel particulier. Ces élixirs ne présentent aucune contre-indication. Trois d'entre eux sont particulièrement efficaces en cas de troubles du sommeil.

- Vervain est recommandé pour les personnes souffrant d'hyperexcitation et d'anxiété, et qui ont du mal à se détendre.

- White Chestnut aide à retrouver la paix intérieure et est recommandé aux personnes qui n'arrivent pas à s'endormir à cause de leurs ruminations ou qui se réveillent au beau milieu de la nuit.
- Agrimony est conseillé aux personnes qui paraissent heureuses, mais qui cachent leur anxiété mentale, qui ont un sommeil agité, avec des difficultés d'endormissement.

Le traitement classique est de trois gouttes trois fois par jour sous la langue, mais il est préférable de consulter un spécialiste afin d'obtenir un résultat efficace.

L'aromathérapie

Plusieurs huiles essentielles peuvent être d'une grande aide pour différents troubles du sommeil.

- Les sujets nerveux, plutôt introvertis et qui présentent une tendance à la rumination et à l'analyse, pourront bénéficier des bienfaits du ravintsara. Son huile est particulièrement indiquée pour les troubles du sommeil dus à l'épuisement.

- La lavande vraie, la camomille noble et l'ylang-ylang, aux vertus apaisantes, sont indiqués pour les personnes extraverties et joyeuses qui ont du mal à trouver le sommeil à cause d'un surplus émotionnel.
- Pour des tempéraments impatients et irritables, la verveine odorante, calmante et sédative, sera un choix bien approprié.
- Enfin, l'huile essentielle de néroli possède des vertus thérapeutiques particulièrement intéressantes en matière de troubles du système nerveux. Elle s'avère très utile lorsque les problèmes de sommeil sont liés à une souffrance psychique en conséquence de chocs émotionnels, surtout si elle est associée à la camomille noble.

La façon la plus facile et la plus sûre de bénéficier des vertus des huiles essentielles est par voie olfactive, en ajoutant quelques gouttes dans un diffuseur. Mais il est également possible de les prendre par voie orale, avec un peu de miel, ou par voie cutanée, selon l'huile essentielle choisie et le cas.

Attention : même si les huiles essentielles sont des produits naturels, il est nécessaire de prendre quelques précautions. Certaines d'entre elles sont toxiques et ne s'utilisent jamais par voie orale, d'autres sont irritantes, voire corrosives pour la peau. À noter aussi que les huiles essentielles ne doivent jamais être utilisées sur des enfants de moins de 3 ans. Il est donc impératif de suivre les indications données par un aromathérapeute ou par un pharmacien, et de ne pas tenter des recettes maison qui peuvent se révéler extrêmement dangereuses !

<u>**PETITE ASTUCE RELAXANTE**</u>

Un bain dans la soirée avec cinq gouttes de lavande vraie, mélangées dans une petite cuillère d'huile végétale (de jojoba, d'amande douce...) aide à surmonter les insomnies dues à l'anxiété.

L'homéopathie

Pour suivre un traitement homéopathique, par ailleurs souvent très efficace dans le traitement des troubles du sommeil, une consultation chez un docteur homéopathe s'impose. En effet, il n'existe pas un traitement unique et passe-partout pour mieux dormir ; l'homéopathe devra déterminer le remède adapté aux symptômes et au caractère de la personne.

Toutefois, en cas d'insomnie occasionnelle, peuvent être efficaces :

- l'arnica montana (trois granules à 5CH – unité de dilution homéopathique –, trois fois par jour) en cas de difficultés d'endormissement liées à des efforts physiques inhabituels ;
- la coffea cruda (trois granules à 30CH, trois fois par jour) lorsque le sommeil est perturbé par une activité mentale importante ;
- la nux vomica (trois granules à 30CH, trois fois par jour), utile lorsque le sommeil est troublé par un état coléreux et par des irritations de l'estomac.

Il existe également des complexes homéopathiques qui intègrent différents remèdes dans leur composition et que l'on peut acheter sans prescription en pharmacie.

L'acupuncture

Véritable science millénaire développée en Chine, l'acupuncture donne de très bons résultats dans le traitement des troubles du sommeil. Elle consiste en une stimulation de zones précises de l'épiderme, correspondant à des points des méridiens, trajets énergétiques où coule l'énergie vitale.

Selon cette discipline, tout problème est la conséquence d'un déséquilibre énergétique. Le praticien l'identifiera pour ensuite procéder au rééquilibre de l'organisme à l'aide d'aiguilles posées sur des points précis. Chaque cas est différent et, par conséquent, chaque séance sera tout à fait personnalisée.

LA THÉRAPIE DE L'AIGUILLE D'OR

Une approche spécifique de l'acupuncture développée par la médecine tibétaine, appelée la « thérapie de l'aiguille d'or », est très efficace dans le cas des troubles du sommeil.

Elle est réalisée avec une aiguille en or de 24 carats posée sur un point appelé *Paé Roé* (ou Cent réunions), situé sur le méridien du Vaisseau Gouverneur (GV20), au sommet du crâne. La stimulation de ce point permet de relâcher la fatigue accumulée, et de rééquilibrer le cycle veille/sommeil.

Le shiatsu

Le massage est l'un des moyens les plus efficaces pour éliminer les tensions physiques et psychiques ainsi que pour bien se préparer au sommeil.

Le shiatsu, massage thérapeutique japonais, à l'instar de l'acupuncture, se base sur le principe de l'équilibre de l'énergie vitale à travers la pression de points spécifiques situés sur les méridiens, un réseau de trajets énergétiques. C'est un massage qui se reçoit habillé et étendu sur un futon. Une séance suffit en général pour ressentir un changement positif, retrouver une détente et un bien-être qui améliorera la qualité du sommeil.

L'ayurveda

L'ayurveda, médecine indienne millénaire, distingue trois sortes d'énergies (*doshas*) : *Vata*, *Pitta* et *Kapha*, auxquelles correspondent différents types de constitutions. *Vata* correspond à l'air, *Pitta* au feu et *Kapha* à l'eau et à la terre. Les trois *doshas* sont présents dans tout organisme ; néanmoins, la prédominance de l'une d'elles déterminera le tempérament de la personne et le style de vie qu'il doit adopter pour être en bonne santé.

En général, la principale cause d'insomnie est liée à un déséquilibre de l'énergie *Vata*, caractérisé par l'anxiété, la nervosité et l'agitation mentale. Pour la rééquilibrer, il est important de manger des aliments chauds et bien cuits plutôt que des crudités ou des plats froids, de préférer la saveur sucrée et d'augmenter la consommation de plantes carminatives (des aliments qui favorisent l'expulsion des gaz intestinaux et en réduisent la production tels que le cumin, le fenouil, la cardamome, etc.) et aromatiques (par exemple, le basilic et le romarin).

A contrario, il est important d'éviter les légumes de la famille des solanacées tels que les pommes de terre, tomates, aubergines, poivrons verts et oignons crus.

Pour rééquilibrer ses énergies et bien dormir, il est également conseillé de se coucher tôt après s'être offert un petit automassage, surtout des pieds, qui aide l'organisme à se détendre.

Enfin, l'activité physique régulière fait partie de l'hygiène de vie ayurvédique pour se sentir en forme et traiter les problèmes de sommeil. Aux personnes *Pitta* ou *Kapha* conviennent des sports comme la natation et le jogging, tandis que pour les personnes *Vata*, la danse ou le yoga sont plus adaptés.

L'ostéopathie

Il s'agit d'une médecine alternative qui propose un rééquilibrage énergétique de l'organisme à travers des manipulations douces. L'ostéopathie fait des miracles pour des troubles du sommeil tels que le syndrome des jambes sans repos ou l'apnée du sommeil. Les séances durent environ une heure et sont données par un praticien diplômé en ostéopathie.

Les thérapies comportementales et cognitives (TCC)

Il s'agit d'une thérapie brève, validée scientifiquement, qui vise à remplacer les idées négatives et les comportements inadaptés par des pensées et des réactions en adéquation avec la réalité. Cette thérapie se déroule en séances individuelles ou en groupe. Elle peut être efficace pour détecter le comportement nuisible au sommeil, souvent cause et/ou conséquence de l'insomnie, et de le corriger.

FAQ

EST-IL EXACT D'AFFIRMER QUE L'ON DORT POUR SE REPOSER ?

Oui et non. Notre corps a effectivement besoin de sommeil pour récupérer, mais suite à un massage, par exemple, on peut se sentir tout aussi reposé que si l'on avait dormi. Le sommeil remplit en revanche d'autres fonctions, qui n'ont pas encore été toutes comprises et expliquées par la science.

LES BESOINS DE SOMMEIL SONT-ILS DÉTERMINÉS GÉNÉTIQUEMENT ?

Oui. Les gros dormeurs ont un besoin physiologique de neuf ou dix heures de sommeil, tandis que les petits dormeurs peuvent se contenter de cinq heures pour être en forme.

LE SOMNAMBULISME EST-IL UN TROUBLE DU SOMMEIL ?

Oui, il appartient à la catégorie des parasomnies. Si ce trouble n'a pas réellement d'effet sur la qualité du sommeil de la personne qui en souffre, il peut en revanche mettre en danger le somnambule, qui n'a pas conscience de ses mouvements.

EST-IL VRAI QU'AVEC L'ÂGE, ON A MOINS BESOIN DE SOMMEIL ?

Non, avec l'âge, le besoin de sommeil reste identique. C'est l'organisation du sommeil qui change : le sommeil profond et le sommeil paradoxal diminuent tandis que le stade I augmente. Les personnes âgées ont donc besoin de faire de nombreuses petites siestes.

EST-IL VRAI QUE LES HEURES AVANT MINUIT COMPTENT DOUBLE ?

Non, les trois premières heures de sommeil sont les plus réparatrices, car il s'agit de la phase de sommeil le plus profond, et ce indépendamment de l'heure du coucher.

QUELLE EST LA POSITION IDÉALE POUR BIEN DORMIR ?

Toutes les positions sont bonnes, aucune en particulier ne favorisant un sommeil de meilleure qualité. Le choix est donc personnel, chaque personne privilégiant la position qui lui paraît la plus confortable.

AI-JE RAISON DE SUIVRE PLUSIEURS THÉRAPIES DIFFÉRENTES POUR RÉSOUDRE MES TROUBLES DU SOMMEIL ?

Oui, si celles-ci sont naturelles ou d'approche holistique. Toutefois, une seule thérapie peut s'avérer tout aussi efficace que la combinaison de plusieurs en même temps. Le choix de la thérapie à suivre sera dicté par la nature du problème et par une préférence personnelle.

Votre avis nous intéresse !
Laissez un commentaire sur le site de votre
librairie en ligne et partagez vos coups de cœur sur
les réseaux sociaux !

POUR ALLER PLUS LOIN

SOURCES BIBLIOGRAPHIQUES

- AEMN. Académie Européenne des Médecines Naturelles, consulté le 11 mai 2017. www.aemn.org
- AFTCC. Association Française de Thérapie Comportementale et Cognitive, consulté le 11 mai 2017. www.aftcc.org
- ANGIER (Nathalie), « Modern life suppresses an ancient body rhythm », in *nytimes.com*, consulté le 11 mai 2017. http://www.nytimes.com/1995/03/14/science/modern-life-suppresses-an-ancient-body-rhythm.html?pagewanted=all
- ANSELME (Carine), « Apprendre à mieux dormir », in *Bioinfo*, n° 127, février 2013.
- Blog Yogamrita, consulté le 11 mai 2017. www.yogamrita.com/blog
- CHOPRA (Deepak), *Bien dormir avec l'ayurveda*, Paris, Dangles, 2009.
- DELHAMENDE (Marie-Andrée), « Les Territoires du sommeil », in *agendaplus.*

be, n° 252, novembre 2013, consulté le 11 mai 2017. http://www.agendaplus.be/index.php/be/publications/dossier/78457/les-territoires-du-sommeil

- EKIRCH (Roger), *At Day's Close : A History of Nightime*, New York, W. W. Norton & Company, 2005.
- FERRON (Nathalie), *Bien dormir, c'est malin*, Paris, Leduc.s, 2013.
- France Sophrologie. Le portail français de la sophrologie, consulté le 11 mai 2017. www.france-sophrologie.com
- FREUD (Michèle), *Se réconcilier avec le sommeil. 40 exercices faciles et efficaces*, Paris, Albin Michel, 2013.
- GARET (Jean-Jacques), *Le grand livre de l'hypnose et de l'autohypnose : pour maigrir, dormir, arrêter de stresser...*, Paris, Leduc.s, 2015.
- GERAULT (Guillaume), *Retrouver le sommeil. Le petit livre des huiles essentielles*, Paris, Albin Michel, 2010.
- GIUDITTA (Antonio), « Sonno e sogno », in *treccani.it*, 2007, consulté le 5 septembre 2017. http://www.treccani.it/enciclopedia/sonno-e-sogno_%28Enciclopedia-della-Scienza-e-della-Tecnica%29/

* HALLÉPÉE (Didier), *Mon chat m'a dit, mon chient m'a dit, s. l.*, Carrefour du net, 2012.
* HEGARTY (Stephanie), « The myth of the eight-hour sleep », in *bbc.com*, consulté le 11 mai 2017. http://www.bbc.com/news/magazine-16964783
* HOUDRET (Jean-Claude) et PAILLETTE (Isabelle de), *Bien dormir sans se droguer*, Paris, Solar, 2005.
* IFHE. Institution Français d'Hypnose Humaniste & Ericksonienne, consulté le 11 mai 2017. www.ifhe.net
* Institut Français d'Hypnose. Centre de Recherche et de Formation, consulté le 11 mai 2017. www.hypnose.fr
* LÉGER (Damien), *Le sommeil dans tous ses états*, Paris, Plon, 2010.
* *MacMillan Dictionary for Students*, New York, Simon & Shuster, 1988.
* MASSON (Jean-Louis), *L'homéopathie de A à Z. Mieux connaître l'homéopathie pour bien l'utiliser au quotidien*, Vanves, Marabout, 2010.
* NOCART (Charline), « Lumière et sommeil : le juste équilibre », in *agendaplus.be*, n° 252, novembre 2013, consulté le 5 septembre 2017. https://www.agendaplus.be/index.php/be/

publications/article/alternative-sante/78456/lumiere-et-sommeil--le-juste-equilibre

- Phyto 2000. Association des Usages de la Phytothérapie Clinique, consulté le 11 mai 2017. www.phyto2000.org
- SBSR. Société Belge de Sophrologie et de Relaxation, consulté le 11 mai 2017. www.sbsr.be
- SFRMS. La Société Française de Recherche et Médecine du Sommeil, consulté le 11 mai 2017. http://www.sfrms.org/
- SHAKESPEARE (William), *La Tempête*, Paris, Flammarion, coll. « Garnier Flammarion/ Théâtre bilingue », 1993.
- Société Française d'Homéopathie, consulté le 11 mai 2017. http://www.homeopathie-francaise.com/
- TRAN DINH CAN (Maurice) et JARRE (Juliette), *Comment retrouver toute son énergie*, Monaco, Éditions du Rocher, 2016.
- VALNET (Jean), *La phytothérapie : se soigner par les plantes*, Paris, Le Livre de Poche, 1986.
- VANOPDENBOSCH (Yves), *La phytothérapie. Se soigner par les plantes médicinales*, Bruxelles, Amyris, 2013.
- VARELA (Francisco J.), *Dormir, rêver, mourir.*

Explorer la conscience avec le Dalaï Lama, Paris. Nil, 1998.

SOURCES COMPLÉMENTAIRES

- RINALDI (Romina), *Faire dodo rend-il beau ? 60 questions étonnantes sur le sommeil*, Bruxelles, Mardaga, 2017.
- SMAYAN (Vera), *Comment retrouver l'équilibre avec le shiatsu ?*, Bruxelles, Lemaitre Publishing, 2016.